BOEKANALYSE

AF126367

Woeste Hoogten

· · · · · · · · · · · · · · · · ·

Emily Brontë

BOEKANALYSE

Geschreven door Natalia Torres Behar
Vertaald door Nikki Claes

Woeste Hoogten

EMILY BRONTË

EMILY BRONTË

ENGELS ROMANSCHRIJVER EN DICHTER

- **Geboren in Yorkshire in 1818.**

- **Overleden in Yorkshire in 1848.**

- **Opmerkelijke werken:**

  - *Woeste Hoogten* (1847), roman

  - *Poems by Currer, Ellis and Acton Bell* (1846), poëzie-bloemlezing (samen met haar zussen Anne en Charlotte gepubliceerd onder mannelijke pseudoniemen).

Emily Brontë is een van de beroemdste Engelse schrijfsters van de 19e eeuw, maar over haar persoonlijke leven is zeer weinig bekend. Alle overgeleverde verslagen over haar leven zijn gehuld in een zekere mate van mysterie en bevatten een aantal hiaten, aangezien zij een enigszins eenzaam leven leidde als gevolg van haar aangeboren verlegenheid en teruggetrokken neigingen. Haar moeder en twee van haar oudere zussen stierven toen ze nog heel jong was, en aangezien de oorzaak van de dood van de zussen tuberculose was, die ze op school hadden opgelopen, werden Emily en haar andere broers en zussen van school gehaald en kregen ze de rest van hun jeugd thuis onderwijs.

Het huis van Brontë was een geïsoleerd, eenzaam huis, en de broers en zussen hadden bijna geen contact met anderen dan hun vader en tante. Dit betekende dat ze zichzelf moesten leren vermaken, en ze brachten de meeste tijd door met het verzinnen en schrijven van verhalen over denkbeeldige koninkrijken. Een aantal van deze manuscripten zijn tot op heden bewaard gebleven en worden beschouwd als de voorlopers van de literaire stijl die kenmerkend zou worden voor het latere werk van de drie zussen, want ook Anne en Charlotte Brontë werden beroemde schrijvers, waarbij vooral *Jane Eyre* (1847), de roman van laatstgenoemde, een groot succes was.

Emily stierf op 30-jarige leeftijd aan tuberculose. Tegenwoordig is er heel weinig over haar bekend, behalve wat haar oudere zus Charlotte over haar schreef.

 ## WIST JE DAT?

Emily en haar zussen moesten hun werk aanvankelijk onder een mannelijke schuilnaam publiceren, omdat schrijven in die tijd niet werd gezien als een typisch of passend beroep voor een vrouw. *Woeste Hoogten werd* daarom aanvankelijk gepubliceerd onder de naam Ellis Bell.

WOESTE HOOGTEN

STAR-CROSSED LOVE ON THE RUGGED MOORS

- **Genre:** realistische roman/Romantische roman

- **Referentie-uitgave:** Brontë, E. (1992) *Wuthering Heights*. Ware: Wordsworth.

- **1e editie:** 1847

- **Thema's:** symboliek, onstuimige relaties, dualiteit

Woeste Hoogten vertelt het verhaal van twee individuen wier liefde voor elkaar gedoemd is te eindigen in een tragedie door omstandigheden buiten hun controle. Het verhaal begint wanneer een jongeman genaamd Lockwood, die een huis genaamd Thrushcross Grange heeft gehuurd, op bezoek gaat bij zijn huisbaas Heathcliff, die vlakbij woont in een plaats genaamd Woeste Hoogten. Heathcliffs uiterst waakzame houding wekt Lockwoods nieuwsgierigheid en hij raakt gefascineerd door deze wilde, onbehouwen, mysterieuze man. Vervolgens vraagt hij zijn huishoudster, Ellen Dean, wat zij weet over Heathcliff; het is een onderwerp dat zij goed kent, en zij begint alles te vertellen wat zij weet over Heathcliffs relatie met de Earnshaws en de Lintons, de twee families die vroeger eigenaar waren van Thrushcross Grange en Woeste Hoogten.

SAMENVATTING

DE VONDELING

Op een dag brengt Mr Earnshaw, de eigenaar van Woeste Hoogten, een jonge donkergekleurde jongen, Heathcliff genaamd, mee naar huis. Meneer Earnshaw heeft hem geadopteerd en is van plan hem samen met zijn twee andere kinderen, Hindley en Catherine, op te voeden. Aanvankelijk zijn deze blonde en bleke broers en zussen niet blij met de indringer in hun midden, maar Catherine wordt uiteindelijk milder.

Zelfs nadat Heathcliff en Catherine vrienden zijn geworden, accepteert Hindley – de oudste van de twee – zijn geadopteerde broer nooit en drijft hij voortdurend de spot met zijn uiterlijk, afkomst en half wilde gedrag. Heathcliff verdraagt de pesterijen van Hindley zo goed mogelijk en zoekt troost in zijn opbloeiende vriendschap met Catherine. Ze brengen het grootste deel van hun jeugd samen door en smeden een zeer sterke band die alleen maar sterker wordt wanneer Hindley naar de universiteit vertrekt en de twee jongere kinderen hun tijd samen kunnen doorbrengen zonder zich zorgen te maken.

Deze rust wordt echter verstoord wanneer meneer Earnshaw overlijdt en Hindley, die inmiddels is afgestudeerd aan de universiteit, terugkeert naar Woeste Hoogten. Hij is getrouwd met Frances, en het enige wat hij wil is zijn plaats opeisen als de rechtmatige heer en meester van zijn voorouderlijk huis.

Hindley laat Heathcliff alleen als bediende op Woeste Hoogten blijven en blijft hem in de loop der jaren mishandelen. Bovendien is het gedrag van Hindley tegenover Catherine niets minder dan tiranniek, wat de jonge vrouw onverdraaglijk vindt; als gevolg daarvan voelt zij zich steeds meer aangetrokken tot Heathcliff, die zij als een bondgenoot ziet.

WIJZIGINGEN

Op een nacht besluiten Catherine en Heathcliff naar Thrushcross Grange te gaan om Edgar en Isabella Linton, twee verwende, rijke kinderen die daar wonen, te bespioneren. Wanneer ze proberen te vertrekken, wordt Catherine gebeten door een hond en wordt ze gedwongen bij de Lintons in Thrushcross Grange te blijven om te herstellen, terwijl Heathcliff wordt teruggestuurd naar Woeste Hoogten.

Terwijl Heathcliff zich beroofd voelt zonder Catherine aan zijn zijde, raken de Lintons verzot op haar, vooral Edgar, die vindt dat ze haar mogelijkheden laat liggen. Daarom besluit hij haar te veranderen van een wild, impulsief meisje in een ingetogen, elegante jongedame. Heathcliff herkent haar nauwelijks wanneer ze terugkeert naar Woeste Hoogten, en deze nieuwe Catherine voelt als een vreemde voor hem.

Ondertussen heeft Frances een zoon genaamd Hareton, maar die sterft tijdens de bevalling. Hindley krijgt geen band met zijn zoon, die hij als een zwakkeling beschouwt, en vervalt in alcoholisme. Hij wordt ook nog agressiever tegen Heathcliff als uitlaatklep voor al zijn woede en frustratie nu zijn vrouw er niet meer is om zijn gewelddadige uitbarstingen te temperen. Hij wordt zo wispelturig dat zijn misbruik en alcoholisme iedereen in het huis begint te beïnvloeden.

Catherine beseft dat Edgar Linton verliefd op haar is geworden, maar ze vertrouwt haar huishoudster toe dat, ook al is ze niet meer zo close met Heathcliff als vroeger, haar hart aan hem toebehoort. Ze erkent echter ook dat ze geen leven met hem kan opbouwen zonder haar status te verlagen, en dat is het enige deel van het gesprek dat Heathcliff hoort. Hij is diep gekwetst en besluit Woeste Hoogten te verlaten.

WRAAK PLANNEN

Heathcliff komt pas na drie jaar terug, die hij besteedt aan het verdienen van zijn fortuin door middel van louche zakendeals. Gescheiden van haar ware liefde besluit Catherine te trouwen met Edgar Linton en verhuist naar Thrushcross Grange.

Heathcliff keert terug naar Woeste Hoogten, gesterkt door zijn nieuw verworven rijkdom, maar verteerd door wrok en gedreven door zijn vastberadenheid om één bepaald doel te bereiken: de volledige vernietiging van Hindley, wiens alcoholisme hem in een uiterst ellendige toestand heeft gebracht. Hij is van plan Hindley te verleiden tot het maken van grote gokschulden, zodat hij geen andere keuze heeft dan een hypotheek te nemen op het onroerend goed dat hij van zijn vader heeft geërfd, zodat Heathcliff het voor een veel lagere prijs kan kopen en zijn grootste vijand alles kan afnemen. Hij is echter niet tevreden met het simpelweg ruïneren van het leven van de oudste Earnshaw – hij wil ook wraak nemen op Edgar Linton door Thrushcross Grange te verwerven.

Als zijn plan eenmaal is uitgevoerd, laat Heathcliff een andere kant van zijn persoonlijkheid zien: een wreder, donkerder personage dat er niet voor terugdeinst om iedereen die hem in de weg staat bij het nastreven van zijn doelen te vertrappen. Al snel heeft hij succes: Hindley verliest Woeste Hoogten, en Heathcliff koopt het. Hij bezoekt ook regelmatig Catherine in Thrushcross Grange, maar Edgar behandelt hem als een paria en maakt duidelijk dat hij daar niet welkom is. Heathcliff besluit daarom wraak te nemen op Edgar door Isabella Linton te verleiden en hij trouwt uiteindelijk met haar, hoewel hij haar heimelijk veracht, omdat dit de enige manier is waarop hij het landgoed van Linton in handen kan krijgen.

Na het huwelijk van Heathcliff en Isabella bereikt de animositeit tussen hem en Edgar een kookpunt, waardoor Catherine zo van streek raakt dat ze ziek wordt.

Catherine's gezondheid gaat verder achteruit, en huishoudster Ellen zorgt ervoor dat Heathcliff haar nog een laatste keer in het geheim bezoekt; slechts enkele uren later sterft ze tijdens de geboorte van een dochter. Edgar noemt het kind Cathy, naar haar moeder, en voedt haar op in totale onwetendheid over het bestaan van Woeste Hoogten en de eigenaar ervan.

Ondertussen leidt Hindley's alcoholisme hem naar een vroege dood, en Heathcliff wordt de voogd van zijn zoon Hareton en de wettige eigenaar van Woeste Hoogten. Als wraak voor alle vernederingen die hij door toedoen van Hindley heeft geleden, weigert Heathcliff Hareton op te laten leiden en behandelt hem als een bediende.

Door de dood van Catherine voelt Isabella zich ellendig, en ze kan Heathcliffs wispelturige karakter en gebrek aan genegenheid jegens haar niet langer verdragen. Ze vertrekt naar Londen, waar ze bevalt van een ziekelijke zoon genaamd Linton.

EEN KWESTIE VAN ERFENIS

Edgar slaagt erin Cathy 13 jaar lang in Thrushcross Grange opgesloten te houden, maar het jonge meisje is erg nieuwsgierig naar de omgeving en heeft een sterk verlangen om de heide rond haar huis te verkennen. Op een dag weet ze naar buiten te glippen en belandt in Woeste Hoogten, waar ze Hareton ontmoet; ze vindt hem echter ongemanierd en onbeschaafd. Edgar dwingt haar terug te keren naar de grange en waarschuwt haar het huis niet meer te verlaten zonder zijn toestemming.

Wanneer Isabella sterft, ontfermt Edgar zich over zijn neefje Linton en brengt hem onder in Thrushcross Grange. Heathcliff staat er echter op dat hij als zijn vader de voogdij over de jongen krijgt, ook al heeft zijn zoon hem nog nooit ontmoet.

Op een dag ontmoet Cathy Linton en begint liefdesbrieven met hem uit te wisselen. Wanneer Heathcliff hiervan hoort, moedigt hij de ontluikende romance tussen hen aan en gaat achter Edgars rug om om hen te helpen elkaar beter te leren kennen. Op een dag nodigt hij Cathy uit op Woeste Hoogten en dwingt haar te trouwen met Linton om zijn eigen aanspraak op Thrushcross Grange te versterken.

Edgar en Linton sterven beiden kort daarna, en Heathcliff dwingt Cathy naar Woeste Hoogten te verhuizen om voor hem te werken. Hierdoor wordt hij de wettige eigenaar van Thrushcross Grange.

TERUG NAAR HET HEDEN

Nadat hij het hele verhaal, zoals hem verteld door de huishoudster Ellen Dean, heeft aangehoord, is Lockwood te zeer afgestoten door alles wat er in Thrushcross Grange is gebeurd om er te blijven wonen, en hij besluit terug te keren naar de stad.

Lockwood keert echter uiteindelijk terug naar Woeste Hoogten, waar hij getuige is van de eerste tekenen van vriendschap tussen Cathy en Hareton, de zoon van Hindley en Frances. Cathy begint hem te leren lezen, en geleidelijk worden ze verliefd en besluiten ze te trouwen. Heathcliff wordt zo verteerd door zijn woede, verdriet en wanhopige verlangen om met zijn geliefde Catherine te worden herenigd, dat hij niet eens merkt dat er onder zijn neus een romance tussen de twee jonge mensen aan de gang is.

 ## INSPIRATIE DICHT BIJ HUIS

Terwijl ze een deel van haar roman schreef, bracht Emily Brontë ook een groot deel van haar tijd door met het verzorgen van haar broer Branwell, die aan alcoholisme leed en daar uiteindelijk aan stierf. Dit heeft een aantal critici ertoe gebracht te speculeren dat sommige persoonlijkheidskenmerken van de personages geïnspireerd zijn op zijn grillige gedrag.

KARAKTERSTUDIE

De naam van de roman weerspiegelt een aantal persoonlijkheden van de personages, want de woorden "Woeste Hoogten" roepen een heel specifiek soort beelden op: woest, ruig terrein, winderige heidevelden en gure, regenachtige dagen. Bovendien zijn Brontë's personages tegenstrijdig en raadselachtig, en laveren ze vaak tussen wilde impulsiviteit en koude, berekenende logica.

HEATHCLIFF

Heathcliff heeft een donkere huidskleur, donkere ogen en zwart, krullend haar. Hoewel zijn adoptievader onmiddellijk van hem houdt, wijst zijn adoptiebroer hem af vanwege zijn uiterlijk, en de rest van de familie wantrouwt hem vanwege zijn afkomst en omdat hij er anders uitziet dan zij.

Zijn persoonlijkheid is complex en tegenstrijdig; hoewel hij zich soms laat beheersen door de intensiteit van zijn emoties, kan hij ook koel en berekenend handelen en uitgebreide, strategische plannen bedenken om zijn ambities te bevorderen. De ontberingen die hij ondergaat hebben een blijvende invloed op hem en veranderen hem van een gevoelige jongen in een indolente, hebzuchtige, berekenende, wrede man.

Hij kan nooit bij Catherine zijn, de liefde van zijn leven, en haar dood dompelt hem nog verder onder in de diepte van bitterheid en wanhoop. Zijn vermoeidheid en pijn drijven hem ertoe het leven van iedereen in zijn omgeving te ruïneren. Catherine is goed op de hoogte van zijn duistere kant en slechte bedoelingen:

> *"Nelly, help me haar te overtuigen van haar waanzin. Vertel haar wat Heathcliff is: een ongeclausuleerd wezen, zonder verfijning, zonder cultivatie: een dorre wildernis van bont en hagel. Ik zou die kleine kanarie op een winterdag net zo snel in het park zetten, als jou aanraden je hart aan hem te schenken. Het is betreurenswaardige onwetendheid van zijn karakter, kind, en niets anders, waardoor die droom in je hoofd opkomt. Denk niet dat hij onder zijn strenge uiterlijk een schat aan welwillendheid en genegenheid verbergt. (p. 74)*

CATHERINE EARNSHAW

Catherine is een blond, blank meisje dat opgroeit tot een mooie vrouw. Ze is enigszins arrogant en wantrouwt aanvankelijk de jongen die haar vader thuisbrengt, maar later beschouwt ze hem als haar beste vriend en vertrouweling.

Ze is ook nogal verwend, wispelturig en oppervlakkig, en ze hecht veel belang aan wat anderen van haar denken. Ze lijkt altijd vol energie te zitten, althans tot ze ziek wordt, en heeft een gave om zich met gratie en evenwicht uit moeilijke situaties te redden.

Heathcliff is de liefde van haar leven, maar ze trouwt met Edgar Linton vanwege haar trots, hatelijkheid en angst om haar sociale status te verliezen.

EDGAR LINTON

Edgar is de erfgenaam van Thrushcross Grange. Hij is een goed opgeleide, aristocratische jongeman die hevig verliefd is op Catherine. Hij heeft een dochter met haar en behandelt haar zeer teder, maar hij heeft een hekel aan Heathcliff, niet in de laatste plaats omdat hij vindt dat diens relatie met zijn vrouw ongepast is.

Hij houdt van zijn dochter en wil het beste voor haar, maar dit drijft hem tot overbescherming. Hij stelt extreem hoge eisen aan anderen en aan zichzelf.

HINDLEY EARNSHAW

Hindley is Catherine's oudere broer, en is een ongevoelige, wrede man. Hij haat Heathcliff omdat hij jaloers is op de genegenheid die zijn vader hem toont, en behandelt hem zeer slecht. Hieruit blijkt dat hij een tiran is die totaal geen mededogen heeft en er plezier in heeft mensen die zwakker zijn dan hij te vernederen.

Na de dood van zijn vrouw wordt hij nog humeuriger en ver- spilt hij al zijn geld aan alcohol en gokken. Hij verdrijft alle andere personages met zijn egoïsme en misbruik en sterft alleen.

ISABELLA LINTON

Isabella is de zus van Edgar en trouwt later met Heathcliff. Zij is een gereserveerde, welgemanierde vrouw en een onderda- nige echtgenote die niet opgewassen is tegen de agressie van haar man en uiteindelijk van hem wegloopt terwijl ze zwan- ger is van hun zoon. Net als Catherine is ze nogal eigenzinnig en wispelturig, wat haar ertoe brengt te trouwen met de grootste vijand van haar broer, ondanks dat hij haar waarschuwt.

ELLEN "NELLY" DEAN

Wanneer Lockwood in Thrushcross Grange aankomt, is Ellen degene die hem het hele verhaal over zijn nieuwe onderkomen vertelt. Zij is een zorgzame, aanhankelijke vrouw die is opgegroeid met Catherine, Heathcliff en Hindley, en later de huishoudster van Thrushcross Grange wordt. Ze toont ook een grote gevoeligheid en is zeer begripvol.

LOCKWOOD

Lockwood is de nieuwe huurder van Thrushcross Grange. Hij is een oplettende jongeman met een nieuwsgierige geest die zichzelf beschrijft als introvert en aanvankelijk gelooft dat hij een soort geestverwant heeft gevonden in Heathcliffs gereserveerde, onvriendelijke karakter. Hij walgt echter van zijn landheer nadat hij diens volledige verhaal heeft gehoord.

HARETON EARNSHAW

Hareton is de zoon van Hindley. Hij wordt opgevoed door Heathcliff, die de jongen een opleiding ontzegt als wraak voor de mishandeling door zijn vader, en zijn tijd onder Heathcliff's hoede verandert hem in een norse, slechtgehumeurde man.

LINTON HEATHCLIFF

Heathcliffs zoon is een ziekelijk kind dat zeer gemakkelijk te manipuleren is. Hij is gehoorzaam en weet niets over zijn familie, wat zijn vader in zijn voordeel gebruikt om wraak te nemen op Edgar. Linton trouwt met Cathy, maar hun huwelijk wordt afgebroken als hij kort daarna sterft.

CATHY LINTON

Cathy is een impulsieve, nogal rebelse jonge vrouw die wordt meegezogen in Heathcliffs plan om Thrushcross Hall in te nemen. Als onderdeel van dit plan wordt ze gedwongen te trouwen met Heathcliffs zoon Linton. Net als haar moeder Catherine is ze wilskrachtig, gedurfd en vasthoudend, waardoor ze na de dood van haar man enige tijd als bediende voor Heathcliff werkt. In die tijd leert ze Hareton Earnshaw kennen, en hun uiteindelijke huwelijk betekent dat ze gezamenlijke erfgenamen worden van zowel Woeste Hoogten als Thrushcross Grange.

ANALYSE

FORMULIER

Genre

Een romantische roman?

Woeste Hoogten kreeg een gemengde kritische ontvangst toen het voor het eerst werd gepubliceerd, deels vanwege zijn ongebruikelijke vorm, die zich verzet tegen een eenvoudige indeling volgens de genreconventies van die tijd. Zelfs vandaag de dag is het niet eenvoudig om één genre aan te wijzen dat de roman volledig definieert.

De romantiek is een literair genre dat aan het begin van de [19e] eeuw in Duitsland en Engeland ontstond. Het genre wordt gekenmerkt door het overwicht van de emotie op de rede en de verheerlijking van het individualisme; in veel romantische werken staat dan ook een hoofdpersoon centraal die de neiging heeft sterke emoties te ervaren.

Hoewel *Woeste Hoogten* ook elementen bevat die niet algemeen worden geassocieerd met romantische literatuur, zijn de turbulente emoties van de personages en de manier waarop hun stemmingen en persoonlijkheden worden weerspiegeld door hun wilde omgeving en het stormachtige weer zeker kenmerkend voor de Romantiek. In feite lijkt het alsof elk element van de roman wordt beïnvloed door de personages en hun gemoedstoestand: de stormen steken bijvoorbeeld telkens de kop op als er iets uiterst schokkends gebeurt of als er iets misgaat, en de huizen lijken in verval te raken samen met Heathcliffs neerwaartse spiraal.

Een ander kenmerk van Romantische fictie is de fascinatie voor anders-zijn. In deze roman wordt dit idee verkend via het personage van Heathcliff, die voortdurend in conflict is met de rest van de familie omdat hij een andere sociale en etnische achtergrond heeft. In feite wordt hij vaak beschreven als "half wild", en daarom fundamenteel verschillend van de rest van de Earnshaws. Je zou zelfs kunnen zeggen dat vanuit het perspectief van Hindley zijn angsten uiteindelijk gegrond blijken te zijn, want Heathcliff wordt uiteindelijk gewelddadig en vernietigt de familie van binnenuit (hoewel het ook goed is op te merken dat het de mishandeling van Hindley is die hem daartoe drijft).

De roman bevat ook een bovennatuurlijk element: Heathcliff en een aantal andere personages zien Catherine's geest na haar dood. Dit wordt echter dubbelzinnig gelaten, en de lezer kan ervoor kiezen haar verschijning te interpreteren als een echte spookverschijning of gewoon als een product van de verbeelding van de andere personages vanwege hun obsessief terugkerende gedachten over haar.

Een realistische roman?

Woeste Hoogten kan ook worden omschreven als een realistische roman, aangezien het een realistische beschrijving geeft van het plattelandsleven in het Engeland van de 19e eeuw. Het realisme is een literaire stroming die opkwam in de tweede helft van de 19e eeuw, en wordt vaak gezien als een afwijzing van en een alternatief voor de romantische esthetiek die de kunst en literatuur in de eerste helft van de eeuw had gedomineerd.

Door de nauwkeurige beschrijvingen van de instellingen, personages, gedragingen en gebeurtenissen die in de roman worden beschreven, kunnen moderne lezers beter begrijpen hoe die tijd was. Zo wordt bijvoorbeeld duidelijk gemaakt dat Heathcliffs sociale en etnische achtergrond – Lockwood beschrijft hem als "een zigeuner met een donkere huidskleur" (p. 3) – in die tijd niet op zijn plaats was in een welgestelde familie. We krijgen ook te zien dat het veel moeilijker was om een huwelijk te beëindigen, want Isabella is gedwongen Heathcliffs misbruik en norsheid gedurende een lange tijd te verdragen omdat van hem scheiden geen optie was. Ze blijven wettelijk getrouwd, zelfs nadat ze hem verlaat, wat Heathcliff in zijn voordeel gebruikt om haar erfenis in beslag te nemen.

Structuur

De structuur van de roman maakt gebruik van een raamvertelling, een verhaalvorm waarbij het hoofdverhaal is "genest" binnen een ander, breder verhaal.

In dit geval gaat de raamvertelling over meneer Lockwood die zijn huishoudster vraagt hem te vertellen over zijn huisbaas Heathcliff. De roman springt vervolgens terug in de tijd en vertelt het verhaal van Heathcliff vanaf het begin, waarbij de verhaallijn die zich op Lockwood richtte tijdelijk wordt losgelaten. Deze geneste vertelling volgt Heathcliff tijdens zijn kindertijd en adolescentie in Woeste Hoogten, en onderzoekt zijn turbulente relaties met Catherine en haar broer Hindley. Naarmate het verhaal vordert, worden de beschreven gebeurtenissen recenter; de focus verschuift naar de tweede generaties van de families die de twee eigendommen bezitten, totdat de vertelling uiteindelijk het heden bereikt en terugkeert naar het verhaal van Lockwood.

Er zijn echter ook een aantal onderbrekingen in het boek waarbij de vertelling plotseling terugspringt naar het heden terwijl de huishoudster dit verhaal aan Lockwood vertelt. Dit is vaak omdat Lockwood zo overweldigd of geschokt is door het verhaal dat hij een pauze aanvraagt waarin hij mijmert over alles wat hij heeft ontdekt. Lockwood is ook getuige van de rampzalige gevolgen van de onlesbare wraakzucht van zijn huisbaas, en laat de lezer zien hoe Heathcliff is gereduceerd tot een ellendige, miserabele ziel die alles heeft verloren waar hij het meest om gaf.

Ten slotte flitst de roman ook vooruit naar de toekomst: zoals we in de samenvatting al hebben vermeld, besluit Lockwood terug te keren naar Londen nadat hij te weten is gekomen hoe zijn huisbaas werkelijk is en wat hij heeft gedaan. Op dat moment richt de roman zich weer op de tweede generatie personages, wier verhaal zich dan kruist met dat van Lockwood: hij keert terug naar Thrushcross Grange, en ontdekt dat het verleden eindelijk zijn greep op de twee huizen verliest, nu alle wrok, pijn en wraakzucht die als een lijkwade over hen hadden gehangen door de dood van Heathcliff worden weggenomen. In plaats daarvan bloeit nieuwe liefde op, en de volgende generatie maakt zich los van de vicieuze cirkel die door de fouten van hun vaders is ontstaan, en smeedt samen een hoopvollere toekomst.

Deze niet-lineaire tijdslijn maakt het ook mogelijk dat belangrijke informatie in het volle zicht verborgen blijft – in de eerste hoofdstukken van de roman, wanneer Lockwood Heathcliff bezoekt, zijn er een aantal personages op de achtergrond van de scène die heel gemakkelijk over het hoofd te zien zijn en op het eerste gezicht onbelangrijk lijken. Maar tegen de tijd dat de roman definitief terugkeert naar het perspectief van Lockwood wanneer het verhaal ten einde loopt, hebben we veel ontdekt over deze bedrieglijk belangrijke personages, en ze spelen een sleutelrol in het slot van de roman.

THEMA'S

Symboliek

Woeste Hoogten zit vol voorwerpen en verschijnselen die meerdere betekenissen hebben. Lockwood heeft bijvoorbeeld nachtmerries wanneer hij slaapt in het bed waarin Catherine stierf, en later wordt onthuld dat dit bed niet alleen de plaats is waar zij haar laatste adem uitblies, maar ook de plaats waar zij haar toevlucht zocht tot de tirannie van haar broer. Heathcliff sterft uiteindelijk in hetzelfde bed na enkele dagen van delirium, wat geïnterpreteerd kan worden als een metafoor voor de manier waarop hun liefde bij leven niet geconsolideerd was, maar sterk genoeg is om hen in de dood te verenigen.

Het thema ziekte is meer dan alleen een verhaalmiddel en speelt een uiterst belangrijke rol in de roman: het wordt gebruikt om ons begrip van een aantal scènes en personages te verdiepen, en leidt tot veel belangrijke onthullingen. Als we bijvoorbeeld nagaan hoe Catherine's gezondheid tijdens haar huwelijk met Edgar achteruitgaat, wordt het duidelijk dat deze achteruitgang een weerspiegeling is van haar afbrokkelende relatie met Heathcliff, die er zijn levensmissie van heeft gemaakt het leven van haar en Edgar te vernietigen. Wanneer zij zwanger wordt van Edgars kind wordt de breuk tussen haar en Heathcliff nog groter, en de afstand tussen hen is nooit zo groot als wanneer zij gaat bevallen. Haar dochter Cathy kan worden gezien als het symbool van Catherine's eigen geest, die uit haar lichaam is verdreven door haar wanhoop bij het besef dat ze nooit met haar ware liefde zal worden verenigd.

Ten slotte zijn de huizen zelf doordrenkt van symboliek en worden ze vaak als tegenpolen voorgesteld. Terwijl Thrushcross Grange altijd wordt beschreven als vredig, huiselijk en gastvrij, wordt Woeste Hoogten beschreven als een moeilijk bereikbare, ongastvrije en in verval geraakte plaats. Beide eigendommen zijn een afspiegeling van hun respectievelijke eigenaren, en wanneer Heathcliff uiteindelijk aanspraak maakt op Thrushcross Grange, lijkt de vroegere pracht en praal ervan af te nemen. Uiteindelijk weerspiegelen beide eigendommen Heathcliffs eigen verval en zijn minachting voor zowel zijn eigen leven als dat van anderen.

Onstuimige relaties

De roman beschrijft een aantal stormachtige relaties, waaronder Heathcliffs stormachtige relatie met zijn adoptiebroer Hindley en Hindleys relatie met zijn vader. Hindley's problemen met Heathcliff komen voort uit het feit dat Hindley niet begrijpt waarom zijn vader een andere jongen in huis wil halen, en Heathcliff ziet als een rivaal voor de genegenheid van zijn vader.

De meest stormachtige relatie die in de roman wordt beschreven, is natuurlijk de liefde tussen Catherine en Heathcliff, die elkaar evenveel liefhebben als kwetsen, en hun trots en koppigheid toestaan hen uit elkaar te drijven. De speciale band die hen bindt geeft hen ook een diep inzicht in elkaars zwakke plekken:

> *"Mijn liefde voor Linton is als het gebladerte in het bos: de tijd zal het veranderen, dat weet ik heel goed, zoals de winter de bomen verandert. Mijn liefde voor Heathcliff lijkt op de eeuwige rotsen eronder: een bron van weinig zichtbaar genot, maar noodzakelijk. Nelly, ik ben Heathcliff! Hij is altijd, altijd in mijn gedachten: niet als een plezier, net zo min als ik altijd een plezier voor mezelf ben, maar als mijn eigen wezen." (p. 59)*

De roman kent dan ook een aantal wendingen: op bepaalde momenten wordt ons wijsgemaakt dat het liefdesverhaal van Heathcliff en Catherine een happy end zal kennen, dat ze hun liefde voor elkaar zullen verklaren en samen een leven zullen opbouwen, terwijl we op andere momenten beginnen te twijfelen aan de oprechtheid van hun gevoelens voor elkaar en ons afvragen of ze beiden niet beter af zouden zijn zonder elkaar. Deze voortdurende afwisseling tussen een verkenning van een diepgaande, tedere romance en een drama dat aan tragedie grenst, maakt dat de roman niet per se als een liefdesverhaal kan worden bestempeld.

Veel van de grootste rampen in de roman, zoals de ineenstorting van het huwelijk van Heathcliff en Isabella, worden veroorzaakt door ruzies tussen Heathcliff en Catherine. De relatie tussen Isabella en Heathcliff is een ander voorbeeld van onstuimige liefde, omdat Isabella's fantasieën haar ertoe brengen met Heathcliff te trouwen ondanks het verzet van haar broer. In feite is hun huwelijk ronduit ongezond, omdat Isabella lange tijd het misbruik en de onverschilligheid van Heathcliff tegenover haar pikt.

Edgar en Catherine houden op hun eigen manier van elkaar, hoewel Heathcliff altijd een lange schaduw over hun relatie werpt. Hun relatie lijkt veel stabieler dan de meeste andere in de roman, omdat zij tegenpolen zijn die elkaar aanvullen. Schijn bedriegt echter, en diep van binnen is Catherine haar eerste liefde nooit vergeten; haar verdriet over de voortdurende ruzies tussen Heathcliff en haar man veroorzaken zelfs haar dood.

Cathy en Linton zitten gevangen in een gearrangeerd huwelijk dat Heathcliff heeft bedacht om Thrushcross Grange in handen te krijgen. Hun huwelijk maakt het leven voor beiden moeilijker, hoewel Cathy al snel weduwe wordt wanneer haar ziekelijke jonge echtgenoot uiteindelijk bezwijkt aan een van zijn ziekten.

Het enige liefdesverhaal in de roman dat niet in een tragedie eindigt is het laatste dat wordt geïntroduceerd, namelijk de romance tussen Cathy en Hareton. Hun stabiele, gezonde relatie heeft een happy end en brengt uiteindelijk vrede in beide huizen.

Dualiteit

De roman zit vol tegenstrijdige elementen die elkaar aantrekken en afstoten. De personages hebben sterke, koppige, gepassioneerde persoonlijkheden, en hebben evenveel liefde als haat.

Heathcliff en Hindley worden aanvankelijk afgeschilderd als totale tegenpolen. Naarmate de roman vordert, zien we echter dat Heathcliff aan hetzelfde eind komt als Hindley door een alcoholische tiran te worden, en dat de degeneratie van beide mannen tot norse, teruggetrokken individuen die iedereen in hun omgeving mishandelen, wordt veroorzaakt door de pijn van het verlies van de vrouw van wie ze houden.

Hareton weerspiegelt ook veel van Heathcliffs eigenschappen: het zijn allebei jonge mannen zonder familie, die door hun afkomst in Woeste Hoogten als verschoppelingen worden behandeld. Bovendien heeft geen van beiden in zijn jeugd een opleiding genoten, en ze hebben zeer slechte manieren, maar zijn ondanks hun onbehouwen karakter nobel van hart.

Ondertussen worden Isabella en Catherine ook als tegenpolen voorgesteld: Isabella is een onderdanige echtgenote die niet in staat is tegen Heathcliff op te staan en hem uit te dagen, terwijl Catherine's omgang met Heathcliff onvoorspelbaar is, omdat ze niet bang voor hem is en hem als gelijke behandelt of zelfs arrogant tegen hem doet. Cathy is net als haar moeder impulsief, koppig en ongemanierd, dus wanneer zij uiteindelijk met Hareton trouwt, lijkt hun relatie bijna een afspiegeling van de eerste romance die opbloeide tussen twee mensen uit deze tegengestelde werelden.

VERDERE REFLECTIE

ENKELE VRAGEN OM OVER NA TE DENKEN...

- Welke aspecten van *Woeste Hoogten kunnen* als symbolisch worden beschouwd?

- Hoe weerspiegelt de roman de 19e-eeuwse Engelse samenleving?

- De twee hoofdpersonen van de roman kunnen nooit samen zijn. Waarom is dit belangrijk, en waarom wordt deze uitkomst voor het einde van de roman aan de lezer duidelijk gemaakt? Leg je antwoord uit.

- Waarom is het belangrijk dat *Woeste Hoogten* door een vrouw is geschreven?

- Waarom denk je dat de auteur parallellen en contrasten tussen de personages heeft gebruikt om op verschillende momenten in de roman een gevoel van dualiteit te creëren? Leg je antwoord uit.

- Welke rol spelen bedienden in *Woeste Hoogten*? Besteed in je antwoord vooral aandacht aan het feit dat het hoofdverhaal verteld wordt door de huishoudster.

VERDER LEZEN

REFERENTIE-UITGAVE

Brontë, E. (1992) *Wuthering Heights*. Ware: Wordsworth.

REFERENTIESTUDIES

Bump, J. (1997) La teoría de los sistemas familiares, la adicción y *Cumbres borrascosas*. *Stijl*. 31(2), pp. 328-350.

Levin, N. (2012) "Ik ben Heathcliff!" Paradoxale liefde in Bronte's *Woeste Hoogten*. *Universiteit van Stockholm*. [Online]. [Accessed 6 April 2018]. Beschikbaar vanaf: <http://www.diva-portal.org/smash/get/diva2:538526/fulltext01.pdf>

AANBEVOLEN LECTUUR

Oates, J. C. (1982) De grootmoedigheid van *Woeste Hoogten*. *Kritisch Onderzoek*. Vol. 9(2), pp. 435-449.

AANPASSINGEN

Wuthering Heights. (1939) [Film]. William Wyler. Dir. USA: Samuel Goldwyn Productions.

Wuthering Heights. (2009) [TV serie]. Coky Giedroyc. Dir. UK: ITV.

Wuthering Heights. (2011) [Film]. Andrea Arnold. Dir. UK: HanWay Film.

*We horen graag van jou! Laat
een reactie achter op jouw online bibliotheek
en deel je favoriete boeken op social media!*

De uitgever garandeert de betrouwbaarheid van de gepubliceerde informatie, die echter niet onder zijn verantwoordelijkheid valt.

www.50minutes.com

Master ISBN: 9782808688901
Papier ISBN: 9782808610308
Wettelijk depot: D/2023/12603/1310

Omslag: © Primento

Digitaal ontwerp: Primento, de digitale partner van uitgevers.